Herzlichen Glückwunsch
zum Ruhestand!

Ein Glückwunschbuch für alle, die vorzeitig, halbherzig, überglücklich oder einfach nur zufrieden über das Vollbrachte in die wohlverdiente Rente gehen.

Von A. Tetzlaff
mit Zeichnungen von Lothar Schneider

TOMUS

ISBN 3-8231-0267-2

Abend

Abschnitt des ausklingenden Tages, der im übertragenen Sinne auch auf die letzten Lebensjahre angewendet wird. Genau wie manche Menschen erst dann, wenn der Tag zur Ende geht, zu richtigem Leben erwachen, legen viele auf dem Zenit ihres Lebens erst richtig los – im sogenannten „Ruhestand". Ihnen allen, die sich in Wahrheit im „Unruhestand" befinden, ist dieses Buch gewidmet – aber natürlich auch all denjenigen, die ihr Alter in Beschaulichkeit genießen wollen ...

Alter

Relativer Begriff. Manch eine(r) ist mit zwanzig „alt", bei anderen geht erst mit sechzig „die Post richtig ab". Dem Sprichwort zufolge schützt es jedenfalls nicht vor Torheit. Seit unter Teenies die Redensart grassiert: „Trau keinem über dreißig!", ist der Beginn des Altseins noch schwerer zu bestimmen als früher. Für den Ruheständler gilt jedenfalls die Devise: „Jeder ist so alt, wie er sich fühlt."

Altersweitsicht

Von kurzsichtigen Zeitgenossen dankbar begrüßtes Phänomen: Je älter einer wird, desto besser kann er sehen. Bestes Beispiel Deutschlands ehemaliger Bundeskanzler Kohl. Er brauchte eigentlich längst keine Brille mehr, musste sie aber weiter tragen, weil seine Wähler so an ihren Anblick gewöhnt waren.

Angst

Die Angst vorm Alter befällt vorwiegend Menschen, die noch nicht alt genug sind. Die Älteren wissen nämlich, wenn sie klug darauf hingelebt haben, die Vorzüge des Älterseins durchaus zu schätzen. Abgeklärt und weise blicken sie auf das wilde Treiben der Jüngeren – bis sie sich selbst wieder hineinstürzen, diesmal aber freiwillig. Die einzige Form der Angst, die berechtigt ist, ist die vorm Alleinsein. Der Kluge schafft sich beizeiten Freunde, auf die das Sprichwort „Freunde in der Not gehen hundert auf ein Lot" eben nicht zutrifft.

Abend

antik
Adjektiv von etwas Altem, das so alt ist, dass es schon wieder als kostbar gilt.

Arbeit
Macht, wenn man dem Volksmund glauben darf, das Leben süß - vermutlich einer der Gründe, wieso Rentner, Ruheständler und alle, die es eigentlich gar nicht mehr nötig haben, zu arbeiten, so häufig in für Außenstehende unbegreifliche Aktivitäten verfallen. Bedenklich wird Arbeitswut erst dann, wenn die Diagnose „Workaholic" lautet. Darüber mehr unter diesem Stichwort.

Bank
Aus höchst unterschiedlichen Gründen bei Menschen, die sich im Ruhestand befinden, als mehrdeutiger Begriff geschätzt. Auf der Bank befinden sich, so vorhanden, die Ersparnisse bzw. gehen Renten, Dividenden oder sonstige Zuwendungen oder zusätzlich verdiente Gelder ein. Dieser Umstand verleiht der Institution den Rang des Bedeutenden. Nicht minder wichtig aber ist die Bank – am besten in Mehrzahl gesetzt –, die gnädige, um das Wohl ihrer Mitbürger oder Gäste besorgte Gemeinde- oder Kurverwaltungen neben Spazier- oder Wanderwegen plaziert haben. Auf ihnen ruhend, lässt sich der Ruhestand erst so richtig genießen.

Biokost
Lebensmittel, die sich in einem Zustand befinden, der früher als völlig normal galt, heute aber durch z. T. gepfefferte Aufpreise abgegolten werden muss.

Briefträger
Für Ruheständler und -innen ungemein wichtiger, wenn auch – es sei denn, er ist einem Schwätzchen nicht abgeneigt – äußerst flüchtiger Gast an der Haus-

Brille

oder Gartentür. Stellt der Briefträger doch neben Radio und Fernsehen oft die einzige Verbindung zur Außenwelt dar. Denn er bringt die Post von fernen Lieben, von Behörden, Krankenkassen, Einladungen zu Kaffeefahrten und abonnierte Zeitungen und Zeitschriften. Frage: Schreiben Sie Briefe? Nein? Dann mal los! Wer gern Post bekommt, muss damit den Anfang bei anderen machen.

Brille

Sehhilfe, die allen mit Kurz-, Weit- oder sonst irgendeiner Art von Fehlsichtigkeit geschlagenen Mitmenschen den ungestörten Blick auf die Welt um sie herum sichert. Wieso Brillen sich nie dort befinden, wo man sie abgelegt hat oder vermutet, bleibt ihr kleines Geheimnis. Dass gerade Menschen im Ruhestand ihre kostbare Zeit mit der Suche nach ihrer Brille verplempern müssen, gilt zu Recht als Zumutung, die allenfalls durch die Anschaffung mehrerer Exemplare auf ein erträgliches Mindestmaß herabgeschraubt werden kann.

Brustton

Ein ganz besonderer Ton, der gewöhnlich nur dann angeschlagen wird, wenn es gilt, irgendeine Versicherung „im Brustton der Überzeugung" abzugeben, z. B. auf die Frage „Wie geht's?" Der Höflichkeitsfloskel folgt in der Regel das stereotype „Danke, gut" oder „Danke der Nachfrage" oder „Kann mich nicht beklagen!" Denn eine Frage dieser Art verlangt in der Regel keine ehrliche Antwort. Dabei darf jemand, der sich im Ruhestand befindet, auf das ungeteilte Interesse seiner Mitmenschen rechnen, mischt sich doch Neid mit der Furcht, eines nahen oder fernen Tages selbst nicht so gut mit dem „Nichtstun" fertig zu werden. Der/die Ruheständler/in tut deshalb gut daran, stets hinzuzufügen, sein/ihr Tag sei überreich ausgefüllt mit Pflichten und Verpflichtungen – und meistens stimmt´s ja sogar!

Café

Plätzchen, früher voller Plüsch, heute voller Chrom, an dem Menschen, die viel

Café

davon haben, ihre kostbare Zeit verbringen. So sollte man meinen, dass sich tagsüber vor allem Pensionäre (in Deutschland) oder Pensionisten (in Österreich und der Schweiz) darin aufhalten. Weit gefehlt! Cafés und Kaffeehäuser sind Anziehungspunkte für alle, die aus der Hektik des Tagesgeschäfts in eine Oase Kuchengabel klimpernden Friedens flüchten möchten. Rentner aber suchen keine Ruhe (die haben sie zu Hause), sondern Abwechslung. Außerdem haben sie wenig Zeit.

Chiffre

Buchstaben- und Zahlenkombination, hinter der sich in Heirats- und Bekanntschaftsanzeigen unbekannte Größen verstecken, die auf Entschlüsselung hoffen. Für allein im Ruhestand Lebende von magischer Anziehungskraft, sobald das Alleinsein nicht länger als Genuss, sondern als Verdruss empfunden wird.

Dampfradio

Liebevolle Bezeichnung für die vielen Hörfunksender, die auf den verschiedensten Frequenzen Tag für Tag ein Informations- und Unterhaltungsprogramm bieten, das unser Fernsehangebot alt aussehen lässt. Da die so genannte „arbeitende Bevölkerung" allenfalls auf dem Weg zur oder von der Arbeit im Auto flüchtige Bekanntschaft mit dem Dampfradio schließen kann, sind die Ruheständler umso dankbarere Hörer, je mehr Muße sie haben.

Dankbarkeit

Empfindet der frisch gebackene Rentner umso stärker, je stärker er den Tag der Pensionierung herbeigesehnt hat. Über den gebotenen behutsamen Umgang informiert das Stichwort „Pensionierungstod"!

Dauerstress

Zustand, in dem sich nach landläufiger Vorstellung vor allem Manager beiderlei Geschlechts befinden oder Karrieristen, die auf der Erfolgsleiter stets zwei Spros-

FÜR FÜNFZIG JAHRE TREUE DIENSTE...
ZUM ABSCHIED
MADE IN HONKONG

sen auf einmal nehmen. Zur Verblüffung aller wohlmeinenden Beobachter sind es aber gerade Menschen im wohlverdienten Ruhestand, die sich unter Dauerstress setzen. Die einen entfalten hektische Aktivitäten vor lauter Angst, in ein schwarzes Loch der Langeweile zu fallen, die anderen wollen mit Gewalt in kürzester Zeit all das nachholen, was sie ein Leben lang versäumt zu haben glauben. Eine aufmerksame Lektüre dieses als Glückwunsch getarnten Ratgebers hilft Ihnen, schlimmste Auswüchse dieses Syndroms zu vermeiden!

Dunkelziffer

Statistisch nirgends erfasste Zahl, die darüber Auskunft geben könnte, wie viel Prozent der Rentner/innen nach dem Erreichen der Altersgrenze, die ihnen das Ausscheiden aus dem Arbeitsprozess erlaubt, weniger Zeit haben als vorher.

Easy going

Begriff aus dem Englischen, der eine Lebenseinstellung bezeichnet, die Menschen im Ruhestand auszeichnen sollte:
Alles etwas leichter zu nehmen und locker, unbeschwert und halbwegs frei von Konventionen und dem Zwang der Etikette durchs Leben zu gehen.

Eigenheit

Behutsame Umschreibung für Marotten, die individuell stark ausgeprägte Menschen im Ruhestand entwickeln und pflegen – meistens unter stiller Duldung ihrer davon betroffenen Umwelt. Ihre Aufzählung unterbleibt hier mit der Bitte, sie am persönlichen Beispiel zu vervollständigen.

einbringen, sich

Modewort, mit dem heutzutage der Versuch bezeichnet wird, sich für eine Aufgabe zu engagieren. Ob dies in der häufig praktizierten Form (erst reden, dann denken und handeln) auch wirklich gelingt, hängt allein von der Entschlossen-

Einladungen

heit des Handelnden ab. Die Kunst, „sich voll einzubringen“ – z. B. in den Ruhestand – ist nicht angeboren, aber erlernbar.

Einladungen

Willkommene Abwechslung für jeden Ruheständler, bis er/sie merkt, dass sie überhand nehmen und es eigentlich nirgends schöner als zu Hause ist.

Element

Wenn einer/eine in seinem/ihrem Element ist, fühlt er/sie sich wohl, z.B. der Fisch im Wasser. Und nicht anders geht es Ruheständlern, wenn die Rede auf ihre berufliche Tätigkeit kommt. Bestes Beispiel: Die „Senior advisers“, die plötzlich in Entwicklungsländern hochbetagt als Direktoren mittelständischer Betriebe Karriere machen. Merke: Was man ein Leben lang tun musste, tut man spätestens dann gern, wenn kein Zwang mehr dahinter steht.

Energiebündel

Plötzlich zur Untätigkeit verdammter Mensch, der seinen Beruf an den Nagel gehängt hat und sich nun darauf freut, all das zu unternehmen, wozu er tatsächlich oder angeblich sein Leben lang keine Zeit gehabt hat.

Facelifting

Versuch, durch Straffen der Gesichtshaut verlorene Jahre zurückzuholen und jünger zu erscheinen. Hebt kurzfristig das Selbstbewusstsein – auf Kosten eines unvermeidlichen Gesichtsverlusts. Wer seinen Ruhestand ohne chirurgischen Eingriff überstehen möchte, begrüßt jede neue Falte mit dem Lächeln des Weisen: auch Falten können schön machen.

Fallschirm springen

Gehört wie Ballon fahren, Drachen- und Gleitschirm fliegen oder Marathonlauf

Fahrrad

zu den Sportarten, die für Männer und Frauen im Rentenalter besser das bleiben sollten, was sie immer waren: unerfüllte Träume – es sei denn, ihr Seelenheil hinge von der Verwirklichung ab ...

Fahrrad

Früher verächtlich „Drahtesel" genanntes Beförderungsmittel, das damals Kinder, Jugendliche und Postboten benutzen mussten, weil sie noch keinen Führerschein hatten oder Briefe nun einmal nicht besser zu verteilen sind. Seit der Verteufelung des Automobils als Umweltverpester zu neuen ungeahnten Ehren gelangt, gilt das F. inzwischen in Mitteleuropa plötzlich als ein Statussymbol aller, die mit der Zeit strampeln. So gibt es inzwischen in logischer Konsequenz das Zweit- und das Drittrad, je nachdem, wohin es geht, und das stationäre im Keller für den täglichen Herzbelastungstest. Der Ruheständler von Welt bleibt von modischen Strömungen unbeeindruckt und radelt nur dann, wenn ihm danach zumute ist.

Gabel

Beliebtes Mordwerkzeug, das nichts ahnenden Rentnern und -innen von der Gewohnheit, einem unbändigen Appetit oder gar Fresslust in die Hand gedrückt wird: Am Ende der Versuchung steht der ungewollte Selbstmord wegen Übergewicht, Herzverfettung, Atembeschwerden, überhöhtem Cholesterinspiegel und was dergleichen Bedrohungen mehr sind. Der/die kluge Ruheständler/in meidet die (Kuchen-)Gabel, wo es nur geht.

Gähnen, verstohlenes

Äußeres Zeichen einer Müdigkeitsanwandlung, die in der Regel in frühen Abendstunden vor dem Fernsehapparat auftritt, wenn die Weltnachrichten zu frustrierend sind. Menschen im Ruhestand müssen erst lernen, dass sie locker bereits um acht Uhr abends ins Bett gehen dürfen, wenn ihnen danach ist. Dafür dürfen sie schließlich auch morgens länger ausschlafen ...

Geburtstag

Garten

Falls vorhanden: Lieblingsaufenthaltsort für alle, die schon ihr Leben lang auf zwei grüne Daumen stolz sind, ihren gärtnerischen Leidenschaften jedoch wegen beruflicher Verpflichtungen nie lange genug frönen konnten. Ja, kann man nicht sagen, dass der/die Hobby-Gärtner/in geradezu das Sinnbild des glücklichen Ruheständlers darstellt?

Geburtstag

Freudentag, dem manch eine(r) mit umso gemischteren Gefühlen entgegensieht, je häufiger er sich jährt. Dabei sollte ein Wiegenfest lebenslang Grund zur Freude bleiben, zeigt seine jahrzehntelange Wiederholung doch, dass man zu den Glücklichen gehört, die auch in späten Jahren etwas aus ihrem Leben machen können – Hauptsache, sie motivieren sich selbst dazu!

Gesundheit

Des Ruheständlers höchstes Gut, das Kluge stets, Dumme erst dann zu schätzen wissen, wenn es ihnen – hoffentlich nur vorübergehend – verloren geht.

Glück

Solange es nicht in Gestalt z. B. einer Lottofee bemüht wird, unzuverlässige Geliebte, speziell wenn der Ruheständler von ihr in Gestalt einer Lottofee träumt. Das einzig verlässliche Glück bleibt nun einmal das selbst gefundene: das der inneren Einkehr, der Beschaulich- und der Zweisamkeit.

Hausmann

Früher völlig unbekannter, heute überaus geläufiger Begriff, mit dem ein Mann bezeichnet wird, der freiwillig, gewissermaßen „im Hauptberuf" die Hausarbeit verrichtet. Aus einem echten Hausmann kann demzufolge nie ein richtiger Rent-

Glück

ner werden, aus einem Rentner dagegen sehr schnell ein Hausmann: Wenn es seiner Frau gelingt, ihn entsprechend abzurichten. „Trägst du bitte heute den Mülleimer hinaus?“ – „Heute kaufst du doch ein, nicht wahr?“ – „Ich fände es schön, wenn du auch mal kochtest!“ – „Wie wär's, wenn du mir beim Großreinemachen zur Hand gingest?“ Der willfährige männliche Rentner lässt sich auf diese Weise allmählich in einen Hausmann verwandeln. Also, Vorsicht: Falle!

Heilbad

Beliebter Aufenthaltsort für Ruheständler, die hier von eigens darauf spezialisierten Kurärzten ihre echten oder vorgeschobenen Gebrechen pflegen lassen. Je älter einer wird, desto notwendiger wird gewöhnlich der Aufenthalt in einem Heilbad. Tipp: Es empfiehlt sich deshalb, sich beizeiten einen so genannten „Kurschatten“ zuzulegen oder selbst einen zu spielen.

herbsteln

In Süddeutschland und Österreich geläufiger Begriff, angewandt in der Spätsommerzeit, die langsam in den Herbst übergeht. Lässt sich im übertragenen Sinne auch auf Ruheständler anwenden, um diskret anzudeuten, dass sie allmählich älter werden, ohne wirklich alt zu sein.

Herrgottsfrühe

Zeitpunkt, zu dem die so genannte „arbeitende Bevölkerung“ aus den Federn muss, um rechtzeitig ihr Tagwerk beginnen zu können. Für Menschen im schwer verdienten Ruhestand Augenblick des Tages, von dem sie lange geträumt haben: sich noch einmal auf die andere Seite umdrehen und weiterschlafen zu dürfen. Problem: Der innere Wecker lässt sich nicht so leicht umstellen und je älter einer wird, desto weniger Schlaf braucht er. Siehe auch unter „Senile Bettflucht“!

himmlisch

Besonders treffliches Adjektiv, um den Zustand eines Menschen zu beschreiben,

Heilbad

der endlich dem täglichen Pflichtenkreis entronnen ist und nun sein Leben genauso gestalten kann, wie er selbst es will (setzt allerdings voraus, dass er tatsächlich weiß, was er will).

Hometrainer

Gewöhnlich im Keller stationiertes modernes Martergerät, mit dem sich gestresste Manager während ihrer aktiven Jahre in der Freizeit fit für die Arbeit halten. Der kluge Manager steigt im Ruhestand auf das Fahrrad oder ein Surfbrett um: Nur so kann er das Gefühl der neu gewonnenen Freiheit wirklich auskosten.

Hund

Sorgt für mehr Bewegung als jeder Hometrainer, weil er bellt, wenn er bewegt werden will.

Ich

Personalpronomen, das man als Rentner/in sehr viel häufiger in den Mund nehmen darf, gilt es jetzt doch, die eigenen Interessen in den Vordergrund zu stellen und nicht mehr ständig für andere da sein zu müssen: die Firma, die Kollegen ... nur die eigene Familie beansprucht natürlich dieselbe Aufmerksamkeit wie zuvor. Umso notwendiger ist es, jetzt öfter einmal lautstark „ich“ zu sagen.

Illusion

Weit verbreitete, aber recht wirklichkeitsfremde Vorstellung, jemand könnte, nur weil er in den Ruhestand getreten ist, sein Leben von Grund auf umkrempeln. Die alten Gewohnheiten siegen in der Regel immer, selbst über die besten Vorsätze.

Infarkt

Eine vor allem dem älteren männlichen Herzen drohende Funktionsstörung, die von Stress, Beklemmungen und meistens wie ein Blitz aus heiterem Himmel aus-

Infarkt

gelöst wird. Das Phänomen tritt leider auch im Rentenalter auf, weil Psyche und Körper ganz offensichtlich auch auf mangelnde Belastung harsch reagieren können. Der kluge Ruheständler versucht, die Gratwanderung zwischen freiwillig übernommenen Verpflichtungen und Laisser-faire mit der Sicherheit eines Schlafwandlers zu überstehen. Leicht gesagt, schwer getan.

Inkonsequenz

Zeichnet Ruheständler aus, die während der letzten zehn Jahre getönt haben, sie freuten sich auf nichts mehr als auf den letzten Arbeitstag, und dann, nachdem er endlich überstanden ist, den alten Pflichten nachtrauern.

Jahre

Zeitabschnitte, die enteilen, nach Wilhelm Busch „im Sauseschritt". Wieso sie im Rentenalter um ein Vielfaches schneller vergehen als zum Beispiel während der Schulzeit, ist ein Phänomen, auf das nicht einmal Albert Einstein eine Antwort gewusst hat.

Jugend

Lebensabschnitt, in dem die Illusionen noch nicht von den Realitäten des Lebens eingeholt worden sind. Der Begriff wird gern mit dem Wort „-Sünden" kombiniert, wenn, dann allerdings stets hinterher und mehr oder weniger entschuldigend. Zu Recht gibt es die Wortschöpfung „Alterssünden" nicht – die laufen unter der Rubrik „Torheiten".

Juvenilität

Betont jugendliche Verhaltensweise, die immer dann, wenn sie von Damen und Herren im Rentenalter allzu stark betont wird, mit dem Gegenbegriff belegt wird: Senilität. Die Alten haben's halt schwer, es den Jungen recht zu machen – und umgekehrt.

DEZEMBER
31

Kaffeefahrt

In der Regel eine Busreise zu nahe gelegenen Ausflugsorten, die den Teilnehmer nichts oder so gut wie nichts kostet, falls er der Versuchung widersteht, sich vom Veranstalter ein angeblich besonders günstiges Angebot aufschwatzen zu lassen. Problem: Es finden sich jedesmal genügend Dumme. Dass es sich dabei vorwiegend um Ruheständler handelt, ist ein Gerücht: Wieso sollten gerade sie dümmer sein als andere Mitreisende?

Kalenderblätter

Müssen im Herbst des Lebens in scheinbar immer kürzeren Zeitabständen abgerissen werden.

Katze

Haustier, das Herrchen und/oder Frauchen ans Haus fesselt, längere Reisen unmöglich macht, nicht zum Spazierengehen animiert wie ein Hund, teures Büchsenfutter bevorzugt, auf das man ihm mit raffinierten Werbeslogans im Fernsehen Appetit gemacht hat ... kurzum, ein überaus lästiger Hausgenosse – und wohl gerade deshalb so beliebt.

Katzenjammer

Zustand, in den jeder frisch gebackene Ruheständler verfällt, sobald die Euphorie der ersten arbeitsfreien Tage verflogen ist. Verführt zu hektischer Aktivität zum Ausgleich der zunächst noch ungewohnten Beschäftigungslosigkeit. Es gibt nur zwei Mittel dagegen: konsequent eingehaltener Müßiggang mit gelegentlichem Ritt auf irgendeinem Steckenpferd – oder eine neue Beschäftigung.

Klassentreffen

Beliebtes, jährlich oder alle fünf oder zehn Jahre wiederkehrendes Ereignis, bei dem sich jeder Teilnehmer wundert, wie alt die anderen geworden sind, falls sie überhaupt noch leben.

Kaffeefahrt

Kollegen

Mitmenschen, die sich mit einem Mal besonderer Wertschätzung erfreuen, wenn man sie als Ruheständler jederzeit sehen kann, aber nicht mehr täglich sehen muss.

Krankheit

Erstaunlicherweise überaus beliebtes Thema, je älter ein Mensch wird und je mehr Zeit er hat, darüber zu reden – aber natürlich immer erst dann, wenn die letzte Krankheit gut überstanden ist.

Kukident

Durch penetrierende Werbung bekanntes Wundermittel, das angeblich dritten Zähnen besonders gut bekommt. Bleibt all jenen versagt, die bis an ihr Lebensende keine bekommen – ein Schicksal, das jedoch in der Regel mit Würde getragen wird.

Lächeln

Kunst des Weisen, der nicht nur über die Schwächen anderer, sondern auch über seine eigenen lächeln kann: Höchster Grad der Zufriedenheit, die von Ruheständlern meistens erst nach einer gewissen Übergangszeit erreicht werden kann. Auf dem Weg dorthin ist immer wieder einmal Einhalt geboten, Rückblick auf die Vergangenheit und Ausblick auf die Zukunft. Wer eine solche Standortbestimmung mit einem vergnügten Lächeln beenden kann, darf sich auf die nächste Stufe, das Nirwana, freuen.

Lack

Äußerlichkeit, auf die ein/e selbstbewusste/r Ruheständler/in durchaus verzichten kann (aber nicht muss). Wer ist schließlich gern ein Lackaffe? Was jetzt zählt, sind Gesichter, in denen sich die Erfahrungen eines ganzen – meistens schwie-

800 v. Chr.

rigen – Lebens spiegeln. Insofern ist die Redewendung „Der Lack ist ab!“ eher Ausdruck der Erleichterung, nicht mehr unbedingt und überall „wie aus dem Ei gepellt“ zu erscheinen – vom selbstverständlichen gepflegten Äußeren hier einmal abgesehen.

langsamer

Es allmählich langsamer angehen zu lassen, sollte jetzt nicht nur Vorsatz, sondern bewusstes Ziel allen Handelns sein.

Last

Bedrückendes Gewicht, das von einem für den anderen getragen werden sollte, gewöhnlich aber nur die eigenen Schultern drückt. Wieso das Leben auch dann, wenn es eigentlich leichter genommen werden könnte, als Last empfunden wird, wissen die Götter – vermutlich bringt das ewige Auf und Ab die Spannkraft als notwendiges Lebenselexier – welchen Trost gäbe es in Zeiten des Bedrückt- und Niedergedrücktseins sonst?

Leben, das süße

Fata Morgana, die sich schnell verflüchtigt, je näher man ihr kommt – gilt auch für den Ruhestand, der allzu heiß ersehnt worden ist. Der Uralt-Schlager „Kinder, wär’ das Leben schön, ohne ins Büro zu gehen!“ erweist sich spätestens am ersten freien Tag als Illusion: Das Leben ist auch nicht süßer als am Tag zuvor – es sei denn, die Tatsache, dass man sich morgens noch einmal auf die andere Seite umdrehen und weiterschlafen kann, wird bereits als süß empfunden. Aber wer kann schon weiterschlafen? Die innere Uhr lässt sich bekanntlich nicht abstellen.

Lust

Wichtiges Attribut, das es für Ruheständler zu bewahren gilt: Lust auf alles und jedes – klar?

Leben, das süße

Magen

Körperorgan, das entscheidenden Anteil am Wohlbefinden hat, geht doch die Liebe hindurch, legen sich die Sorgen darauf und – last but not least – nimmt es die Gaumenschmeichler auf, die den völlenden Ruheständler jetzt mehr beglücken als früher ein Lob des Chefs. Nicht von ungefähr entwickelt sich der Embonpoint, wie man den Schmerbauch früher charmant umschrieb, gewöhnlich erst nach getaner Arbeit, also jetzt.

Mallorca

Winterlicher Pensionistentreff, der alle Erwartungen erfüllt: derjenigen, die das von Reisebüros gut organisierte Zusammensein Gleichaltriger und oft Gleichgesinnter von Jahr zu Jahr mehr mögen, und der anderen, die nur der im Januar und Februar blühenden Mandelbäume wegen ins Schwärmen geraten ... In jedem Fall lebt man preiswerter bei milderen Temperaturen als zu Hause.

Managerkrankheit

Damoklesschwert, das glücklicherweise nicht mehr über den nunmehr dem Arbeitsprozess Entronnenen schwebt. Dagegen droht die „Ruhestandskrankheit" – ein hiermit neu geschaffener Begriff; betroffen davon sind alle, die sich im bereits erwähnten „Unruhestand" befinden, in einem Zustand also, in dem man nicht genießen kann, was einem endlich zustünde: die Freiheit, nichts zu tun.

Maßkrug

Wenn's ums Maßhalten geht, das für bayerische Ruheständler wichtigste Utensil.

Miezekätzchen

Verniedlichungsform für einen kleinen Tyrannen, der gegenüber einem Hund zumindest einen Vorteil hat: Man muss nicht ständig mit ihm Gassi gehen (obwohl der Arzt dem Ruheständler ja vor allem Bewegung empfiehlt).

Magen

Milch

Ausfluss der frommen Denkungsart, also nicht besonders aktuell, es sei denn, der/die Rentner/in ist den Einflüssen moderner Ernährungspsychologen erlegen: Müsli und Körnerfutter kriegt nun einmal niemand ohne Milch die Speiseröhre hinunter, oder irre ich?

Moment

Anderer Ausdruck für Augenblick, von dem Goethe sagt: „Willst du zum Augenblicke sagen, verweile doch, du bist so schön, dann magst du mich in Fesseln schlagen, dann will ich gern zugrunde gehen!“ Mit anderen Worten: Höhepunkt eines jeden Rentnerdaseins! Glücklicherweise summieren sich jetzt diese Momente – oder etwa nicht? (Dann machen Sie irgendetwas falsch!)

Morgenstund

Hat angeblich Gold im Mund. Rentner/innen wollen davon nichts mehr wissen. Sie horchen um diese Zeit lieber an der Matratze, oder etwa nicht?

Muckefuck

Bezeichnung für Kaffee-Ersatz, der allenfalls noch Rentnern ein verklärtes Lächeln auf das Gesicht zaubert. Als es nichts oder wenig und schon gar keinen sogenannten „echten Bohnenkaffee“ gab, lebte es sich auch mit Muckefuck nicht übel – horribile dictu: Mangels anderer Vergleichsmöglichkeiten hat diese Form des Kaffees sogar geschmeckt.

Nachruf

Verlautbarung, die der Ruheständler am liebsten persönlich liest – weil sie andere betrifft.

Managerkrankheit

Nachtruhe

Regenerationszeitraum, unterschiedlich lang, je nach Bedürfnis und Möglichkeit. Jüngere Menschen brauchen mehr Schlaf, Kinder am meisten (deshalb fängt in ihren Augen die Schule grundsätzlich zu früh an), ältere weniger. Wer sich im Ruhestand befindet, also eigentlich Zeit zum Ausschlafen hätte, registriert dieses Phänomen je nach Temperament leicht verbittert oder mit dem Lächeln des Weisen. Unter dem Stichwort „Senile Bettflucht" finden sich – hoffentlich! – anregende Ratschläge zur besseren Gestaltung der durch Schlaflosigkeit gewonnenen Zeit.

Nase

Sinnesorgan, an das sich jeder möglichst selbst fassen sollte, ehe er andere wegen ihrer Lebensgewohnheiten kritisiert: Gilt für alle, die noch nicht im Genuss der Privilegien des Ruhestandes sind – aber auch umgekehrt. Jeder kann sich – so falsch? – verhalten, wie er will, solange andere nicht davon betroffen sind. Kurzum: Mehr gegenseitige Rücksichtnahme ist angezeigt.

Nikotin

Lt. Duden „bes. in der Tabakpflanze enthaltener öliger, farbloser, sehr giftiger Stoff, der beim Tabakrauchen als anregendes Genussmittel dient". Dient vor allem in Verbindung mit dem in Zigaretten enthaltenen Teer und anderen Wirkstoffen der Verkürzung und vorzeitigen Beendigung der Rentenzeit.

Nippes

Kleine Gegenstände, oft Figuren, meist aus Porzellan, die zur Zierde aufgestellt werden und sich als Staubfänger ausgezeichnet bewähren. Schaffen vor allem Rentnerinnen, die gern den Staubwedel schwingen, regelmäßige Beschäftigung und eignen sich aus diesem Grunde vorzüglich als unerwünschte Geschenke.

Muckefuck

Oberstübchen

Volkstümliche Bezeichnung für das Gehirn als Sammelpunkt aller klugen Gedanken und Erinnerungen. Je älter ein/e Ruheständler/in wird und je reicher er oder sie ist, desto häufiger argwöhnen erbberechtigte Familienmitglieder, der- oder diejenige sei nicht mehr ganz richtig in diesem Oberstübchen, weil er/sie genauso sparsam oder verschwenderisch wie früher ist, sich nicht dreinreden lassen und sein/ihr Leben nach eigenem Gusto weiterleben möchte wie bisher. Kluge Köpfchen simulieren gern Unordnung im Oberstübchen, um nicht ständig für dieses oder jenes zur Rechenschaft gezogen zu werden. In diesem Fall ist Wachsamkeit angezeigt, damit aus Spaß nicht womöglich Ernst wird.

Optiker

Berufsstand, der einen Teil seines Wohlstandes genau den Menschen verdankt, die nicht mehr arbeiten müssen, also Zeit genug zum Lesen und für Aktivitäten haben, für die gute Augen und ein scharfer Blick wichtigste Voraussetzungen sind.

out

Neudeutscher Begriff, der im Gegensatz zum Wörtchen „in" zum Ausdruck bringt, was gerade nicht mehr „in Mode" ist. Ruheständler sind im Vergleich zu früher heutzutage grundsätzlich „in" und nicht „out", gelten sie doch zu Recht – z.B. als Verbraucher – als besonders dankbare Zielgruppe für Werbung jeder Art und als willfährige Opfer des Konsumterrors. Wenn die meisten dennoch nicht dem Spruch folgen „Das letzte Hemd hat keine Taschen", sondern auch als Sparer und Investoren bei ihren Banken beliebt sind, liegt das einfach daran, dass niemand weiß, wann er dieses letzte Hemd anziehen muss.

Palme

Beliebter Aufenthaltsort für Choleriker, die stets dann auf die Palme gehen, wenn

Nippes

ihnen vermeintliches oder wirkliches Unrecht geschieht. Da ein Großteil des täglichen Ärgers berufsbedingt ist, müssten Ruheständler eigentlich sehr viel seltener auf Palmen anzutreffen sein. Das Gegenteil ist so lange der Fall, bis die Erkenntnis dämmert: Bequemer sitzt's sich auf der Couch. Wozu denn gleich in die Luft gehen?

Panther, graue

Selbst ernannte Vertreter des Millionenheeres älterer Menschen, denen man früher allein ihres Alters wegen Respekt zollte, die sich heute aber lautstark zu Wort melden müssen, um Gehör zu finden. Ob ein/e Rentner/in grauer Panther wird oder nicht, ist reine Temperamentssache. Wer lieber still vor sich hin grantelt, wird öffentliche Auftritte eher vermeiden und umgekehrt.

Partner/in

Hauptperson im Leben jedes älteren Menschen, der den Ruhestand ohne Einschränkung genießen will. Sein/ihr Fehlen wird allerdings häufig erst im Ernstfall beklagt. Bis dahin mangelt es nicht an gegenseitigen Schuldzuweisungen, an Querelen und Krachs. Der kluge Ruheständler bedenkt das beizeiten und lässt keine sich bietende Gelegenheit verstreichen, seiner guten Hälfte Ärger zu ersparen und sie durch kleine Aufmerksamkeiten zu verwöhnen.
Apropos: Heute schon versucht?

Pensionierungstod

Trauriges Phänomen, das vor allem all diejenigen betrifft, die in der Arbeit ihr ganzes Leben gesehen haben und die nun nach der Pensionierung keine Zukunftsperspektiven mehr für sich erkennen können: als gäbe es keine Volkshochschulen, Reiseveranstalter und karitative Aufgaben, wohin man blickt.

Preisvergleich

Beliebter Zeitvertreib für alle, die nach Beendigung ihrer Tätigkeit nicht mehr in

Preisvergleich

Lohn und Brot stehen und auf die Schnelle während der Mittagspause, nach Dienstschluss, an langen Donnerstagen oder Samstagen einkaufen müssen. Abgesehen von den Schnäppchen beim Sommer- oder Winterschlussverkauf helfen permanente Preisvergleiche nicht unbedingt auch sparen: Wer mehr Angebote sieht, kauft auch mehr.

Rad

Die wichtigste menschliche Erfindung, ohne die wir es nicht so weit gebracht hätten. Ob der Einzelne sie richtig für sich zu nutzen versteht, hängt allein schon von der Anzahl der Räder ab. Z. B. ein Rad = Schubkarre = Gartenarbeit (gesund!); zwei Räder = Motorrad = Geschwindigkeitsrausch (gefährlich!) oder Fahrrad = Bewegung = Naturerlebnis (gesund und gefährlich!); vier Räder = Auto = Mobilität = Lebensqualität (bequem und stressig); mehr Räder = öffentliche Verkehrsmittel (vernünftig und bequem) – aber wer lebt schon gern ständig vernünftig?

Radio

Nach Erfindung des Fernsehens fast totgesagt, feiert nun als „Opas Dampfradio“ fröhliche Urständ. Hat der frisch gebackene Ruheständler Radio bisher vor allem auf dem Weg von der und zur Arbeit und auf Ferienreisen im Stau gehört, so entdeckt er nun, mit überreichlich Freizeit ausgestattet, die Qualitäten dieser Art von Unterhaltung und Information. Nicht zu vergessen die Wunschkonzerte! Wie wär’s gleich mit einem fröhlichen Gruß aus dem Ruhestand an die Kollegen im Betrieb?

Rasur

Oft als lästig empfundene allmorgendliche Prozedur, auf die der Mann im Ruhestand gelegentlich verzichten kann.

Rasur

Rechenexempel

Immer wieder von neuem angestellter Versuch, mit der nun zur Verfügung stehenden Rente auszukommen, ohne auf lieb gewordene Angewohnheiten verzichten (oder womöglich etwas hinzuverdienen) zu müssen!

Rentenanpassung

Versuch des Rentners, seine finanziellen Bedürfnisse an die zur Verfügung stehende Rente anzupassen (siehe oben: „Rechenexempel").

Riemen

Ledergurt, an dem man sich als Rentner/in nicht mehr ständig reißen, sondern den man allenfalls enger schnallen muss.

Satan

Weltbekannter Versucher, der die Hand des Nikotinsüchtigen immer wieder zur Zigarette greifen und die übergewichtige Rentnerin zur Tortenschlacht über die Schwelle von Konditoreien und Kaffeehäusern hasten lässt. Ruheständler von Welt treiben diesen Teufel mit dem Beelzebub aus (indem sie sich etwas gesündere Laster zulegen!).

Schlaf

Lt. Duden ein „der Erholung des Organismus dienender Zustand der Ruhe, der Entspannung (bei Menschen und Tieren), in dem die Augen gewöhnlich geschlossen, das Bewusstsein ausgeschaltet und viele Körperfunktionen herabgesetzt sind". Leicht gesagt! Diesen begehrten Zustand herzustellen, fällt oft gerade den Menschen am schwersten, die ihn am nötigsten haben: den älteren. Auch Leute, die in jungen Jahren wie ein Ratz geschlafen haben, wälzen sich im Alter plötzlich ruhelos im Bett. Mehr darüber im nachfolgenden Stichwort.

Stammkneipe

Seelenheil

Wer darum besorgt ist, brauchte es meistens gar nicht zu sein.

Senile Bettflucht

Jeden Normalschläfer erschreckendes Phänomen, das Menschen vorzugsweise im Rentenalter zu sogenannter „nachtschlafender Zeit“ aus dem Bett treibt. In der Regel diktiert Vernunft den Sprung aus den Federn. Wozu sich schlaflos wälzen, wenn man des Nachts ganz andere Aktivitäten entfalten kann?

Senior-Manager

Traumjob für angeblich ausgediente alte Haudegen der Wirtschaft, über die das Fernsehen schmeichelhafte Berichte sendet, weil sie in irgendwelchen Entwicklungsländern Unternehmen vor dem Untergang bewahren und zu ungeahnter Blüte führen. Der Normalrentner ist schon stolz, wenn er in seinem Gewächshaus eine seltene Orchidee zum Blühen bringt – auch eine tolle Leistung, nur ist das dem Fernsehen keine Meldung wert.

Siesta

Das berühmte „Viertelstündchen“ nach dem Mittagessen, das dem/der Noch-nicht-Rentner/in bis zur Pensionierung immer so gefehlt hat und das man jetzt um so mehr genießt – schon als Ausgleich für die Aktivitäten während der Zeit der „senilen Bettflucht“ (siehe dort!).

Stammkneipe

Beliebter Treffpunkt für alle, die zu Hause nichts oder wenig zu sagen haben, die ihr Herz ausschütten und den Alkoholpegel anheben und dabei die Probleme der Welt und ihre eigenen lösen wollen – zumindest verbal.

NEIN...! HEXENSCHUSS...
ROCK'N ROLL..?

Taille

Wichtiges Indiz, das über das Wohlbefinden eines Ruheständlers beredte Auskunft gibt. Deshalb sollten wohlmeinende Freunde darauf besonderes Augenmerk haben. Ist die Zunahme der Taille mit schwärmerischen Berichten über üppige Gelage verbunden, ist ein bescheidener Hinweis auf notwendige Fastenkuren angezeigt. Werden dagegen Frust und Sorgen mit Hilfe von Messer und Gabel abreagiert, bedarf der Patient besonderer Zuwendung. Ehrensache: Wirkliche Freunde nehmen an diesem Essen teil.

tanzen

Begriff, der nach dem Eintritt ins Rentner- oder Pensionärsdasein eine völlig andere Dimension gewinnt. Musste man doch bisher nach anderer Leute Pfeife tanzen, bestimmt man nun den Rhythmus weitgehend selbst. Bei allen, die in ihrer Jugend oder zeitlebens im wahren Sinn des Wortes gern getanzt haben, erschließen sich darüber hinaus völlig neue Möglichkeiten: Sie können jetzt noch einmal zur Tanzschule gehen oder beim so genannten „Senioren-Tanz“ zeigen, dass sie noch mehr drauf haben, als manche(r) Jüngere.

Tapergreis

Bezeichnung für einen Mann, der grundsätzlich viel älter als man selbst ist – egal, wie alt man selbst auch ist.

Tasche

Aufbewahrungsort für Utensilien, die der Mensch so braucht. Nur das letzte Hemd hat bekanntlich keine – ein Umstand, den kluge Ruheständler nie aus den Augen verlieren. Nach dem Motto: Sparen – ja, aber nicht mehr als notwendig und möglichst für sich selbst.

Übergewicht

Tatendurst

In seiner extremen Form eine Erfindung des Teufels, jagt er den/die Ruheständler/in doch von einer hektischen Aktivität in die nächste. Sobald der Nachholbedarf abklingt, gilt es, das Leben in ruhigere Bahnen zu lenken, mit dem Ziel, statt aus vielem nichts, aus wenigem mehr zu machen. Doch wer beherrscht schon die Kunst des Maßhaltens? Sie gehören dazu? Gratulation! Dann wird Ihnen dieses Buch aus dem Herzen geschrieben sein.

Tätigkeit

In Verbindung mit dem Wort „regelmäßige“ bei Rentnern so lange verpönt, bis sich ein wirklich lukratives Angebot mit den eigenen Interessen deckt.

Trauer

Ein Stichwort, das nicht fehlen darf, beschreibt es doch den Zustand, in den jeder umso häufiger verfällt, je älter er wird: Menschen, die einem nahe stehen, sind plötzlich nicht mehr, die Eltern, enge Verwandte, beste Freunde, mit denen man so gern gemeinsam alt geworden wäre. Die Trauer in die Erkenntnis der eigenen Vergänglichkeit umzusetzen, bietet keinen Trost, aber die Aufforderung, die verbleibenden Tage zu nutzen.

Überarbeitet

Zustand, in den ein/e Ruheständler/in glücklicherweise nicht mehr geraten kann, es sei denn freiwillig.

Übergewicht

Bezeichnung für die paar Kilo, die ältere Menschen, vor allem wenn sie sich dem süßen Nichtstun hingeben und gesund sind, grundsätzlich zu viel auf die Waage bringen. Die Alternative besteht darin, sich immer wieder einmal zu kasteien

Schlaf

– wie man leider schon vorher weiß: umsonst; denn nichts findet sich schneller wieder als verlorene Pfunde, oder etwa nicht?

Uhrzeiger

Als Sekundenzeiger besonders beweglich, läuft sonderbarerweise mit zunehmendem Alter sichtlich schneller – offenbar, weil einem bewusster wird, wie schnell die Lebensuhr abläuft. Tipp für Rentner: Mach es wie die Sonnenuhr, zähl die schönen Stunden nur!

umwerben

Tätigkeitswort, das höchst plastisch die vielfältigen Versuche der werbetreibenden Industrie beschreibt, bestimmte Zielgruppen zu Käufern ihrer Produkte zu machen. Dass das wachsende Heer der Menschen im Rentenalter besonders anfällig für diese Art Schmeichelei ist, steht in engem Zusammenhang mit zwei Komponenten: Zeit und Geld. Und über beides verfügen die meisten in ausreichendem Maße – ein Segen, dank des Wohlfahrtsstaates.

ungesund

Alles, was dem Kreislauf des Ruheständlers über Gebühr zusetzt - also alles, was Spaß macht.

Unterschrift

Druck- und Machtmittel, über das jeder Einzelne, unabhängig von seinem Alter, frei verfügen kann. Umso wichtiger ist es, vorsichtig damit umzugehen, z. B. bei Verkäufern an der Haustür, bei Kaffeefahrten o. ä.

Vergangenheit

Von Ruheständlern häufig lauthals besungene, weil von Erinnerungen verklärte Zeit. Bitte nicht vergessen: Die Gegenwart ist morgen schon Vergangenheit!

Seelenheil

Verjüngungskur

Wer die richtige Einstellung gefunden hat, erlebt den Ruhestand als das, was er sein kann: als einen Jungbrunnen, weil verschüttete Interessen aufleben – man muss nur leben und leben lassen.

Workaholic

Armer Irrer, der den Ruhestand schon deshalb nicht genießen könnte, weil er gar nicht weiß, was Ruhe ist.

wunschlos

In Verbindung mit dem Wort „glücklich" Beschreibung eines Zustands, den zu erreichen alle Welt pausenlos bemüht ist. Ein frisch gebackener Ruheständler sollte ihm, so möchte man meinen, eigentlich sehr nahe sein. Weit gefehlt! Die wenigsten sind imstande, unbeschwert zu genießen.

Würde

Lt. Duden der „Achtung gebietende Wert, der einem menschlichen Wesen innewohnt". Die Kunst besteht darin, mit Würde alt zu werden: eine schöne Aufgabe für den Ruhestand.

Wurscht

Kann einem jetzt endlich der ungeliebte Vorgesetzte, die zickige Kollegin, der Verkehrsstau auf der Fahrt zur Arbeit oder nach Hause, die Konjunktur und die Ertragslage der Firma sein. Aber einfach abschalten? Lassen sich Emotionen, Vorlieben und Aversionen erst recht nicht, wenn man Zeit zum Reflektieren hat. Der rettende Ausweg: neue Aufgaben.

Weisheit

Würze

Zugabe, die das Leben aufregend macht. Reicht vom definitiven Rentenbescheid bis zur neuen Liebe, die im günstigsten Fall die alte ist ...

Xanthippe

Frau des griechischen Philosophen Sokrates, die laut Überlieferung überaus streitsüchtig gewesen sein soll und deshalb als der Prototyp des zänkischen Weibes herhalten muss. In diesem Buch tritt sie nur als abschreckendes Beispiel in Erscheinung, damit die männlichen Ruheständler vor einer solchen verschont bleiben mögen – und die weiblichen vor dem ewigen Nörgler und Grantler natürlich ebenfalls!

Yohimbin

Zaubermittel aus der Rinde eines westafrikanischen Baumes, das gegen Durchblutungsstörungen hilft und deshalb als Aphrodisiakum gilt. Wird hier nur erwähnt, um diskret anzudeuten, dass all denjenigen, denen dieses Buch gewidmet ist, nichts fremd ist und der Ruhestand geradezu dazu herausfordert, dem Leben und der Liebe neue Seiten abzugewinnen ...

Zähne

Wer sich im Ruhestand befindet, braucht keinem Chef mehr die Zähne zu zeigen – allenfalls der eigenen Frau/dem eigenen Mann.

Xanthippe

Zenit

Zärtlichkeitsbedürfnis

Menschliche Regung, die jedem Lebewesen angeboren ist. Kann auf Grund falscher Verhaltensweisen zwar nie verloren gehen, wird aber leider oft genug unterdrückt oder verächtlich gemacht.
Merke: Der kluge Ruheständler lebt dieses wunderbare Gefühl voll und ganz aus – und dies nicht nur im Umgang mit Hunden und Katzen.

Zeit

Fraglos das kostbarste Gut, das ein Mensch, besonders aber der ältere, besitzt. Deshalb haben Rentner, wenn man sie so hört, auch so wenig davon. Nur: Mit keinem irdischen Gut wird in der Regel so schlampig umgegangen, wie mit der Zeit. Schon Seneca klagte vor zwei Jahrtausenden: „Dieses so flüchtige, so leicht verlierbare Gut ist unser einziger, natürlicher Besitz. Und doch verdrängt uns daraus, wer da will ..." Und mahnt deshalb: „Halte alle Stunden zusammen; ergreife das Heute, so wirst du weniger vom Morgen abhängen ..."

Zeitgeschehen

Abfolge von Ereignissen, an denen der aufgeweckte Mensch Zeit seines Lebens teilnimmt. Lässt sein Interesse im Laufe der Jahrzehnte nach, liegt das häufig nicht an mangelnder Aufnahmebereitschaft, sondern

1. daran, dass man über Jahrzehnte eine Fülle an Erfahrungen und Eindrücken bereits verinnlicht hat und
2. an der Erkenntnis, dass keine Generation aus den Fehlern der vorhergehenden lernt.

Ben Akiba: Alles ist schon mal dagewesen (Rentnerweisheit).

Zenit

Kann es ein besseres Stichwort als Schlusswort für dieses Buch geben? Mit dem Beginn des Ruhestandes ist doch der wahre Höhepunkt des Lebens er-

NA UND...?

reicht: Die Aufgeregtheiten, die bisher aus welchen Gründen auch immer den Lebenskampf mitbestimmt haben, treten mehr und mehr in den Hintergrund, und eine ruhigere Betrachtungsweise gewinnt allmählich Raum. Ob jemand zu guter Letzt auf ein wahrhaft erfülltes Leben zurückblicken kann, entscheidet sich erst jetzt. Carpe diem – nutze den Tag, genieße den Augenblick! Jeder kann der letzte sein.

Für jeden Anlaß das richtige Buch

TOMUS Bücher machen Spaß

ISBN 3-8231-0274-5

ISBN 3-0308-3

ISBN 3-8231-0258-3

ISBN 3-8231-0295-8

ISBN 3-8231-0267-2

ISBN 3-8231-0255-9

Jeder Band hat ca. 72 S. mit ca. 35 ganzseitigen teils farbigen Zeichnungen.